にっぽんのおかず

白央篤司

理論社

地域ごとに特に愛される魚 その1【北海道】
ホッケ焼き

　北海道の周辺海域は世界的にみても豊かな漁場で、独特の魚食文化が育ちました。道民にとって身近な魚のひとつが、ホッケです。北海道全域でとれますが、足が早い*1のが特徴。全国的に流通しているものは「ひらき」*2にされた干物が一般的ですが、現地では生でも食べられ、また煮つけ*3やフライにしてもおいしい魚です。漢字では𩸽、魚偏に花と書きます。これは「漁のシーズンが北海道の桜の時期である5月ころから始まるから」「美しい幼魚の姿が花のようだから」などの説があります。魚の漢字は、その性質や特徴をあらわしたものが多いものです。好きな魚があれば、ぜひその漢字も調べてみてください。日本は縦に長く、四方を海に囲まれた国です。地域によって棲息する魚が異なり、また四季によってとれる魚もちがいます。地方によって「食卓でおなじみの魚」というのも、かなり変わるものです。

*1 足が早い　鮮度が落ちやすいこと。
*2 ひらき　背や腹側から切り目を入れて開き、内臓を取って干された魚のこと。
*3 煮つけ　煮汁をよくしみこませ、しっかり煮たもののこと。

和えもののおかず その1【青森県】
子和え

　糸コンニャクにまぶされているもの、なんだか分かりますか？ これは魚のタラの子、つまりタラコです。津軽地方の正月料理で、今では日常的に食べられています。ダイコン、ニンジンを千切りにして、糸コンニャクを加え、醤油、酒で味つけし、ほぐしたタラコといっしょに炒り煮にしたもの。タラは寒くなるほど味が良くなるといわれ、冬の青森では貴重なごちそうでした。頭や骨、内臓まで入れて味噌や醤油で仕立てる「じゃっぱ汁」は代表的な郷土料理のひとつです。干物や塩漬けにして保存食にもされ、大事に食べられてきました。子和えは炒った野菜類にタラコを和えますが、「和えもの」は日本のおかずを代表する調理法のひとつです。ゴマや酢味噌、辛子などで食材を和えるのが一般的です。すり鉢などですった豆腐で和えたものは「白和え」と呼ばれます。和える材料や調味料のことを「和え衣」と呼びますが、これは素材にまとわせるゴマや味噌を「衣」にたとえたものです。

メモ◎ちなみに英語のドレッシングも、衣類を表すドレスから来ています。考えることは似ているものですね。

乾物をつかったおかず その1【岩手県】
すきコンブの煮もの

　日本は海藻食文化のとても発達した国です。各地それぞれに愛されてきた海藻がありますが、岩手の三陸地域では昆布を細く切って乾燥させた「すきコンブ」がよく食べられています。すきコンブを水でもどしてから、油揚げやニンジンなどといっしょに、醤油、酒、みりんで炒り煮にするのが、一般的な食べ方です。沿岸部はこのほか、ワカメやフノリ、マツモなど多くの海藻を地域の食材として食べてきました。

　素干しや塩蔵にされた海藻は保存食として欠かせないものです。海藻にかぎらず、干すことによって成分が凝縮されてうま味も増し、栄養価も高くなります。また煮ものは、日本を代表するおかずのひとつです。煮ものとひと口に言っても、醤油でしっかり煮る「煮しめ」、汁をたっぷり具材に吸わせる「含め煮」など、微妙に異なる加減を表す言葉がいろいろとあります。

味噌をつかったおかず その1【宮城県】

シソ巻き

　おかずというのは、主菜と副菜の二種類があります。たとえば主菜がコロッケや魚の煮つけだとしたら、副菜はお漬物だったり、野菜の和えものだったり。いわゆるサイドメニューですね。宮城の伝統的な副菜おかずが、このシソ巻きです。味噌をクルミやゴマなどといっしょに練り、シソで巻いて揚げ焼きにしたもの。味は地域ごとに差があり、砂糖を入れてあまからくしたもの、唐辛子を加えてピリ辛にしたものがあります。岩手や福島の一部でも見られる、東北では定番の料理です。

　味噌は日本の基本調味料のひとつで、汁物・煮ものの味の決め手として欠かせません。味噌は米味噌、麦味噌、豆味噌の三種類があり、豆味噌は東海地方、麦味噌は九州地方、それ以外は米味噌が多く用いられます。古くは各家庭で手づくりされるものでした。8世紀にはすでに味噌がつくられていたようで、奈良の朝廷に献上されていた記録があります。

地域ごとに特に愛される魚 その2【秋田県】
ハタハタの塩焼き

　秋田県を代表する魚といえばハタハタです。焼き魚や鍋の具として親しまれてきました。ブリコと呼ばれる卵は弾力に富み、噛めばブチッという音がするほど。県民には愛好者が多く、「ブリコのないハタハタは食べる気がしない」という人も少なくありません。ハタハタを塩漬けにし、1年以上かけて発酵させると「しょっつる」という魚醬*ができます。香りが強く、うま味の濃いもので、お湯で割るだけでだし要らずのよい汁になります。この汁に具材を入れる「しょっつる鍋」は郷土料理のひとつ。「昔はとにかくたくさんとれた。箱いっぱいに買って、冬の間の栄養源にしたものです」という声がよく聞かれました。ハタハタをごはんと麹などで漬けこむ「飯ずし」は、冬の秋田を支えた保存食です。しかし1970年代後半から漁獲量は激減し、一時ほとんどとれなくなりました。年単位で禁漁期間を設けるなどの対策がとられ、「海の資源回復」に向けた取り組みが続けられています。

*魚醬　魚介を塩漬けにして、酵素のはたらきによって発酵させた汁をこしたもの。石川県ではイカ、香川県ではイカナゴでも同様のものがつくられている。タイのナンプラー、ベトナムのニョクマムも魚醬の一種。

さわやかな花の香りのおかず【山形県】
菊の酢のもの

　エディブルフラワー（食用にできる花）という言葉がありますが、日本にも伝統的な食用花があります。それが菊です。山形は食用菊の生産量日本一で、酢のものやおひたし、味噌汁の具として食卓にもよくのぼります。シャクシャクとした歯ざわりと、菊の花らしい香りがさわやかで、いいものですよ。菊の食用が始まった時期は定かでありませんが、俳人・松尾芭蕉の句に「蝶も来て 酢を吸ふ菊の すあえかな」というのがあり、江戸時代前期には食用とされていたことがうかがえます。食用菊も数種ありますが、「もってのほか」＊というユニークな愛称で有名になった薄紫色の菊があります。「天皇家の紋に使われる菊を食べるとは、もってのほか」ということからこの名がついた……とされますが、これは俗説でしょう。酢を使った日本のおかずは数多くあります。ほどよい酸味は食欲をさそうものです。また、腐敗や食中毒を防ぐ意味もありました。

＊正式な名称は延命楽。「おもいのほか」「かきのもと」という異名もある。

いわば魚のハンバーグ【福島県】
サンマのポーポー焼き

　日本人が大好きな魚のひとつ、サンマ。現代は冷凍技術の発達により年中食べることができますが、旬は秋です。その体が刀のように見えたことから、秋刀魚の字があてられました。サンマという呼び名ですが、かつては狭真魚と書かれ、それが転じたといわれています。

　黒潮と親潮がぶつかりあう福島県沖は日本でも有数の漁場で、サンマはよくとれる魚のひとつです。その身を包丁でたたき、味噌、ネギ、ショウガを加えて焼く「ポーポー焼き」はいわき・小名浜地方の料理で、いわばサンマのハンバーグ。旬のサンマは脂がたっぷりとのって、なんともおいしいものです。この料理名は「焼くと脂が落ちて、火がポッポと音を立てた」ということから来ているともいわれます。サンマにかぎらず、水揚げした魚をすり身にして調理することは、日本各地で行われてきました。

シャッキリした歯ざわりが魅力【茨城県】
レンコンのきんぴら

　茨城県の南東部には日本で2番目に大きな湖、霞ヶ浦があります。湖周辺ではレンコンがさかんにつくられ、生産量は全国1位。レンコンは漢字で蓮根と書きます。蓮という植物は池や沼に生え、泥に根をのばしますが、この地下茎部分の肥大したものがレンコンです。穴のあいた独特の形を、昔の日本人は「先が見通せる」として縁起をかつぎました。お正月のおせちにもレンコンの酢のものがよく入れられます。レンコンは歯ざわりがよく、煮ものや酢のものによく使われます。きんぴらとは、野菜を切って炒め、醤油や酒、唐辛子で炒りつけたもの。漢字では金平と書きます。歴史上の人物、坂田金時の息子・金平からきています。金平は伝説的な力持ちでした。もともと、きんぴらはゴボウでつくられるもので、その力強い歯ごたえや、醤油のしっかりした味わいから、金平の名を取ったと考えられています。現在はレンコンのほか、ニンジンなど多様な野菜でつくられ、定番のおかずとなっています。

ハスの花。花托部分がハチの巣のように見えることから、ハチスとよばれ、ハスというよび名に転じた。

乾物をつかったおかず その2【栃木県】
カンピョウの玉子とじ

　おすしの巻きものでおなじみのカンピョウ。栃木県は生産量日本一です。カンピョウとはユウガオというウリ科の野菜を帯状にけずり、天日で干したもののこと。漢字では干瓢と書きます。ユウガオはやわらかくも、しっかりとした独特の食感があり、日本では古くから食べられてきました。縄文・弥生時代の遺跡からも種が出土しており、10世紀ごろには栽培が日常化されていたようです。栃木で栽培がはじまったのは1712年のこと。時の城主・鳥居伊賀守忠英が、現在の滋賀から種を取り寄せ、つくらせたと伝わります。地元ではよく玉子とじにされます。「カンピョウさえ水でもどしておけば、すぐにつくれてかんたん」という声が聞かれました。汁をいっぱいに吸ったカンピョウと玉子のやさしい味わいが楽しめて、いいものです。「玉子とじ」とは具材をサッと煮て、ときたまごで全体をとじる調理法。ニラをつかった「ニラ玉」が全国でよくつくられています。

じっくり煮て味をしみこませよう【群馬県】
コンニャクの煮もの

　コンニャクは、サトイモ科のコンニャクイモという植物からつくられます。歴史は古く、6〜7世紀ごろに大陸から日本に運ばれてきたようです。コンニャクイモを薄くけずって乾燥させ、細かい粉にしたものをお湯で溶いて、石灰水を加えて固めたものがコンニャクになります。このコンニャクイモ、全国生産の9割以上が群馬県産。県西部の下仁田地方を中心に県内各地でつくられており、コンニャクを使ったおかずもいろいろあります。煮ものの具として定番ですが、白和え、きんぴらやステーキなどにもされます。コンニャクは食物繊維に富み、プルプルとした食感が魅力です。じっくりと味をしみこませるには時間のかかるものですが、日本人はそういう手間も「ごちそうの一部」としてきたように思います。コンニャクを粉にする技術が発達する前は、黒っぽいコンニャクが一般的でした。現在は白いコンニャクと、海藻などを加えて昔風に黒っぽくしたコンニャクの二つが主に流通しています。

おせちに欠かせないほっくり野菜【埼玉県】
クワイの煮(に)もの

　クワイは、埼玉県の越谷市、さいたま市を中心に生産されている野菜です。江戸時代中期ごろから、米作りの裏作*1としてつくられてきました。クワイは田んぼの泥の中に地下茎をのばし、秋になるとその先に球状の塊茎*2をつけます。この部分が食用となります。ぴょんと芽を出しているその姿が、「芽出たい＝めでたい」「芽が出る（＝成功のきざしが見える）」に通じるとして縁起物となり、正月料理には特に欠かせないものとなりました。加熱するとホクホクとした食感となり、あまみとほろ苦さがあります。少しクリにもにた味わいであることから、クワイグリからクワイに変わった、とする説も。漢字ですと慈姑と書いてクワイと読みます。これは毎年同じ根に実をなすさまが、母親が子どもを慈しむようだ……ということからつけられたようです。この場合の「姑」は母のことです。

＊1　裏作　主要な作物を収穫したあと、次の作付けまでの間を利用して、他の作物を栽培すること。
＊2　塊茎　地下茎のかたまり。栄養分をたくわえている部分。

クワイ

すっぱさが食欲をそそります【千葉県】
イワシのゴマ漬け

　千葉で愛されるこの料理は、カタクチイワシの頭とはらわた*¹を落とし、ゴマ、ショウガ、ユズ皮、唐辛子を加えて、塩と酢で漬けたもの。ゴマの食感と酸味がきいて、箸がすすみます。「今はパックのものが多いけど、昔は港町から行商のおばさんが売りに来てね、よく買ったものですよ」という声が県民から聞かれました。青魚*²と酢はとても相性のいいものです。千葉の九十九里浜では室町時代からイワシ漁が行われてきました。
　冷蔵庫のない昔は、食料の保存が生きていく上での大きな問題でした。塩や酢を使ったゴマ漬けは、当時の保存食のひとつです。郷土料理というものは、当時の人々が「いかに保存性を高め、おいしくするか」を考えぬいた結果に思えます。ちなみにイワシは鮮度が落ちやすいことから「弱し」となり、それが転じた名前と考えられています。漢字では鰯となりますが、味はとてもよいもの。生はもとより、缶詰や加工品にも多く利用されます。

*1 はらわた　内臓のこと。魚の場合、単に「ワタ」ともいう。
*2 青魚　イワシ、サバ、サンマなど、背の青い魚の総称。ひかりものともいう。

名付け親は将軍様?【東京都】
小松菜のおひたし

　首都・東京は農業のイメージから遠いかもしれません。実際、第一次産業の人口割合は全産業に対して0.4パーセント[*1]という数字です。しかし、だからこそ農業や伝統野菜を守っていこうという動きが都内各地でみられます。小松菜は江戸時代に小松川周辺（現在の東京・江戸川区のあたり）で生まれました。八代将軍・徳川吉宗が鷹狩りにこの地をおとずれたとき命名したといわれます。アクがないので調理しやすく、骨や歯をつくるカルシウムが豊富です。もともと関東地方で食べられてきたものですが、いまやすっかり全国区の野菜となりました。「おひたし」は日本の調理法でもおなじみのものです。醤油や酒などで味つけした漬け地[*2]に、ゆでた青菜類をひたしてつくるので、おひたしと呼ばれます。ちなみに東京の伝統野菜は他に、のらぼう菜、練馬大根などがあります。

[*1] 総務省統計局　平成22年国勢調査
[*2] 漬け地　肉、魚介、野菜などに味をしみこませるための液体。調味液。

蒲。水辺に生える植物。

おせちやお雑煮にも欠かせない【神奈川県】
かまぼこ

　日本各地に、魚のすり身でつくられる伝統食品があります。これらのものを練り物と呼びますが、その代表的なものがかまぼこです。誕生はかなり古く、平安時代後期の書物にかまぼこの名が見られます。漢字で書くと蒲鉾となり、昔は蒲穂子と書かれました。すり身を串にぬりつけた形が、「蒲」という植物の穂に似ていたためです。現在のかまぼこは、すり身を板にぬりつけ、焼くか蒸しあげたものが一般的。板は、かまぼこから出る水分を吸わせ、腐敗を防ぐねらいもありました。

　神奈川県の小田原地方は、全国でも有数の名産地。海から近く、シログチ、オキギス、クロムツといった魚を原料としてつくられてきましたが、現在はスケソウダラもよく用いられます。ていねいにつくられた昔ながらのかまぼこは、魚のうま味に満ちて実においしいものです。日本全国で多くの練り物がつくられ、副菜として食べられてきました。その形状や材料はバラエティに富んでいます。

地域ごとに特に愛される魚 その3【新潟県】
サケの焼き漬け

　日本中で愛される魚、サケ。焼いた塩ザケは朝ごはんの定番という人は多いでしょうね。おにぎりの具としても大人気、イクラや皮が好きという声もよく聞かれます。サケと縁の深い地域が、新潟県の村上地方。市内の三面川にもどってくるサケはこの地の名物でした。サケ漁は古くからさかんで、1762年にはすでに繁殖法*1が行われていました。この地方にはサケ料理が数多くありますが、ごはんのおかずにぴったりな「焼き漬け」をご紹介します。焼いたサケを醤油、酒、みりんに漬け、最低ひと晩おくというかんたんなもの。冷たいまま食べますが、熱々ごはんとの相性はばつぐんです。村上ではサケを「イヨボヤ（魚の中の魚）」ともよびます。日本におけるサケの食文化は古く、平安時代の中期にあらわされた『延喜式』という本には、すでにサケの名が見られ、越後*2から加工されたサケが都に送られたという記述があります。

＊1繁殖法　川に柵をつくってサケを囲いこんで産卵させ、春になってサケの子が川をくだる時期に川漁を禁じる政策。「種川の制」と呼ばれ、この成功により村上藩の財政は豊かなものとなった。

＊2越後　昔の新潟地方の国名。旧国名やその通称は「南部せんべい」「越前ガニ」「伊勢エビ」「出雲そば」などのように、食べものにその名が多く残されている。

味噌をつかったおかず その2【富山県】
よごし

　富山県西部・礪波地方には「よごし」とよばれる家庭料理が伝わっています。野菜をゆでて細かく切り、味噌で炒りつけたものの総称で、ごはんに合うおかずとして愛されてきました。中でも、ヤツガシラの葉を干した「いもじ」とよばれるものは「よごしの中のよごし」「風味がいい」という声が多く聞かれました。ダイコンの葉やナスなどもよく用いられます。具材をゆでて、水気をしっかりとしぼり、味噌、砂糖、ゴマで炒りつけるというのが一般的なつくり方。干し野菜を使ったよごしは、青菜のとれない冬の大事なおかずでした。

　富山のよごしは味噌を使いますが、一般的にゴマ和えのことを「ゴマよごし」とも呼びます。日本の料理は、素材本来の色を大切にすることが多いもの。ゴマや味噌でまぶしたり和えたりする料理を、あえて「よごし」と名づけたところに、私は昔の日本人の謙虚さのようなものを感じるのです。

年末年始に欠かせない北陸の郷土食【石川県】
かぶらずし

　加賀地方の冬の名物で、特にお正月に欠かせない料理が、かぶらずしです。魚のブリを野菜のカブではさんで発酵させたもので、「これを食べないと冬は越せません」という声は多く聞かれました。ブリとカブをそれぞれ塩漬けにして、さらに米麹*を加え、ニンジンなどの野菜とともに1～2週間ほど漬けて完成です。昔は家庭で手づくりされていましたが、手間のかかるもので、現在ではほぼ買うものになっています。ブリではなくサバでつくる地域もあります。

　現在はすしといえば「にぎりずし」が主流ですが、すしの始まりは「なれずし」にあります。なれずしとは、魚と飯を塩で漬けて、長期間寝かせたもののこと。かぶらずしもその一種です。こうすることで昔の人は、魚の保存性を高めました。同時に、あまみやコクが増すという利点もあったのです。

＊米麹　蒸した米に、麹カビを繁殖させたもの。

漬物にひと手間くわえたおかず【福井県】
たくあんの煮たの

　なんともストレートな料理名ですが、「〜の煮たの」「〜炊いたの（炊いたん）」といった名前は、福井県や関西地方ではよく聞かれるものです。この「たくあんの煮たの」はおもに県東部で食べられてきたもので、たくあんの古漬けを一度塩ぬき*し、水をかえつつ煮て、醤油、酒などで味つけした料理です。ちなみにたくあんとは、干した大根を塩と米ぬかに漬けたもの。古漬けの活用法として考えられたようです。ほどよいすっぱさと、ポリポリとした食感で、よいおかずになります。「これを煮ている間は、家中がたくあんのにおいでいっぱいになりますよ」と、地元の人がわらって教えてくれました。江戸初期の僧、沢庵が考案したので「たくあん」の名になったともいわれますが、異説も多々あります。漬物は長い間、日本人の飯の友でした。各地に独自の漬物があり、種類も多いものです。あなたは地元の漬物をいくつ知っていますか？

＊塩ぬき　保存のため塩漬けしておいたものを料理するとき、最初に行われる。水にしばらくつけておくことで、塩がぬける。
メモ◎漬物とは、塩、醤油、ぬか、味噌、酒かすなどに野菜を漬けたもの。保存性が高く、冬を越す上での大切な食料のひとつだった。

料理に残る〝恩人〟の名前【山梨県】
せいだのたまじ

　山梨県東部上野原地方に伝わるこの料理、かんたんにいえば味噌味のジャガイモの煮っころがしです。イモをよく洗い、皮つきのまま味噌、みりんで炒め煮にして、根気よくゆすりながら水分を飛ばせば完成です。山梨でのジャガイモ栽培は18世紀後半、当時の代官・中井清太夫によってはじめられました。山梨は名前のとおり周囲を山に囲まれ、稲作には向かない土地でした。そこで清太夫は繁殖力の強いジャガイモを九州から取り寄せ、栽培を奨励したのです。ジャガイモはよく育ち、飢饉＊から領民を救いました。せいだとはつまり清太夫のこと、たまじは小さなジャガイモを指します。清太夫への感謝が、いつしかジャガイモを使った料理名として残ったようです。

＊飢饉　天候不順などで農作物が不作になり、食べものが不足すること。
メモ◎ジャガイモが日本に来たのは1600年ごろ。オランダ人がインドネシアのジャガタラ（現在のジャカルタ）という港から運んできたので、ジャガタライモと呼ばれ、現在の名になった。

縄文時代から食べられてきた魚【長野県】
コイ料理

　五月になると日本の空にはたくさんのコイが泳ぎます。♪屋根より高い……そう、鯉のぼりは有名ですね。コイは急流をのぼりやがて竜になる、という中国の故事が日本に伝わり、立身出世のシンボルとなったのです。実際にコイは生命力が強く、川や沼など場所を選ばず、たくましく育つ淡水魚。海の魚が手に入らない地域の日本人にとって、コイは長らく貴重な動物性たんぱく源でした。長野県の佐久地方ではコイ食の文化が今も根づいています。1600年ごろから養殖が行われ、水田を活用して育てられてきました。コイ料理は数多くあり、味噌で煮た「コイこく」や「洗い」（冷水で洗った刺身のこと）、揚げ物のほか、筒切りにしたコイを醤油と砂糖でじっくり煮た「うま煮」（写真）などがあります。ちなみに縄文時代の貝塚からもコイの骨は見つかっています。日本人とはとても付き合いの古い魚ですね。

アウトドアでも人気の料理【岐阜県】
鶏ちゃん

　岐阜県のちょうど真ん中ほどに位置する、下呂市・郡上市を中心に食べられている料理です。鶏肉とキャベツをひと口大に切り、ニンニクをきかせて味噌で炒めたもの。醤油味や塩味のバリエーションもあります。もともとは、養鶏場のニワトリを活用するために考えられた料理で、昭和30年代から市民に浸透していったよう。現在ではキャベツのほか好みの野菜を入れたり、鶏のモツ（内臓）をくわえたりと、アレンジもなされています。「バーベキューの人気メニューですよ」とは地元のかたの声。

　鶏ちゃんが生まれた昭和30年代は、アメリカからブロイラーが輸入され、鶏肉を使った料理が全国的に一般化した時代です。現在では日本各地で銘柄鶏が育てられ、人気をよんでいます。

麦めしとの相性がばつぐん!【静岡県】
とろろ汁

　ヤマノイモ*¹の皮をむいたことはありますか？ ごつごつした皮の下に、ぬめぬめとした白い身がかくれています。すり鉢ですると、さらにねばりは増してとろとろの状態になります。ここにだしや、だしで味噌をといたものをくわえたものが、とろろ汁です。静岡県中部・丸子地域では、とろろ汁が江戸時代からの名物でした。丸子は江戸と京都をむすぶ東海道の宿場町で、多くの旅人がここでとろろ汁を食べ、故郷でその味を伝えたため、有名になりました。とろろ汁に合わせるのは、麦めし（白米に麦をまぜて炊いたもの）です。ねばりがあってやわらかい汁に、食感のこわい*²麦めしがよく合うのです。松尾芭蕉は「梅若菜 丸子の宿の とろろ汁」という句を残しています。山芋は胃を助け、消化を促進させる成分をふくんでいます。歩き疲れた旅人の体を、とろろ汁はいたわってきたのでしょうね。

＊1 ヤマノイモ　ヤマイモ、ジネンジョ（自然薯）、ダイショの総称。
＊2 こわい　漢字で書くと「強い」になり、固いこと、ごわごわしたさまを指す。

味噌をつかったおかず その3【愛知県】
八丁味噌を使った料理

　ここまでのページでも、味噌を使ったおかずを多く紹介してきました。日本人は生まれ育った地域の味噌の味に、大きく食の好みを左右される傾向があります。東北地方ではきりっと酸味のある味噌が好まれ、九州地方ではさっぱりとした味噌の風味が好まれるなど、その味わいも多彩です。ちょうど日本の真ん中あたりに位置する愛知県では、全国でもここでしかつくられていない八丁味噌があります。大豆と塩のみで2年以上かけて熟成させる八丁味噌には、他にはないしぶみやほろ苦さがあります。この特性はあまみとの相性がよく、砂糖やみりん、ざらめなどをくわえてつくるあまからい味わいは、この地ならではのもの。田楽＊やおでんの味つけ、ダイコンや牛スジなどを煮て味をしみこませる「どて煮」（写真）など多くに活用されています。
　八丁の名は、岡崎市の旧・八丁村でつくられたことによるもの。味噌は保存がきき、それだけでおかずとしても重宝されてきたものです。

＊田楽　くしに豆腐などをさし、味噌をつけて焼いたもの。

太陽の力を利用してつくられる【三重県】
東紀州の干物

　日本の漁師町を歩けば、干物がつくられている光景を多く目にすることでしょう。干物は全国でつくられますが、三重県の紀北町から尾鷲市の沿岸部もさかんにつくられてきた地域です。アジやサバ、サンマといった一般的なものから、カマスやキス、タチウオにウツボ、シイラやメカジキ、サメやマンボウの腸までも干物にされています。干物とひとくちに言っても、魚をまるごとそのまま干すものあり、ひらきや、塩やみりんなどに漬けて干すものありと、干物文化はかなり奥深いものです。干すことでうま味も濃縮されますが、昔は少しでも日持ちをよくしようという意味がありました。また、イワシなどを煮てから干す「煮干し」は、だしの素となるもので、味噌汁やうどんのつゆをつくるときに欠かせません。このように魚を煮たり焼いたりして干物に加工し、それをだしに使うという文化は日本各地にあります。

所変われば〝色〟も変わる【滋賀県】
赤コンニャク煮

　滋賀県の近江八幡地方では「コンニャクといえば赤いもの」なのです。群馬県のページでもコンニャクをとり上げましたが、ここでもう一度見比べてみてください。色のちがいにおどろかれるでしょうが、近江八幡の人々にたずねてみると、「他の地域に行って、コンニャクといえば灰色か白っぽいものと聞いておどろきました」との声が。こんなふうに、自分で「常識」と思いこんでいるものがひっくり返るような体験は、他地方の食文化にふれているとよくあるものです。

　昔からコンニャクは近江八幡の名物だったようで、「はで好みの織田信長がそめさせた」という説や、地元の祭りにちなんだという説などがありますが、いずれも推論の域を出ません。赤い色は三二酸化鉄でつけられており、味は一般的なコンニャクとほぼ変わりません。

木の芽

葉も花も実も楽しめる【京都府】
ちりめん山椒

　６月ごろになると、京都の市場には山椒の青い実がならびはじめます。かかえるようにして大量に買いこむ人の多いこと。たずねれば「この時期しか出ないものですからね。一年分を買って佃煮＊1にしておくんですよ」との答えが。この時期に山椒をしこむのは京都人に共通する食風習と言っていいでしょう。山椒はミカン科の植物で、ぴりりとした独特の香気を持っています。その若芽は「木の芽」と呼ばれ、春のおとずれを告げるもの。焼きものや煮ものなどに添えて香りを楽しみます。山椒の花は「花山椒」と呼ばれ、鍋物に入れるなどして楽しまれますが、とても旬の短いものです。実は昆布と炊く＊2などして、一年中食べられています。ちりめんとは「ちりめんじゃこ」のことで、イワシなどの小魚をゆでて干したものです。実山椒といっしょに醤油、酒で炊いたものが「ちりめん山椒」で、ごはんとの相性はばつぐん。京都みやげとしても人気です。

＊1 佃煮　醤油、みりん、酒で濃いめに煮しめたもののこと。江戸時代、佃島というところでつくられたのでこの名になった。
＊2 炊く　関西の言葉で、「煮る」ことを意味する。

夏のおとずれを告げる海の魚【大阪府】
ハモの料理

　日本各地に、四季のうつろいを感じさせる食材があります。大阪の人々にとってハモは、梅雨のおとずれから夏の到来を感じさせるもの。「梅雨の水を飲んでハモはうまくなる」ともいわれ、この時期のスーパーにはハモがずらりとならびます。紀伊水道から瀬戸内海、九州にかけての海でとれるハモはかつて大阪湾に運ばれ、人々の食卓にのぼりました。生命力の強さから、京都など周辺地域にも運ばれたのです。その姿は細長い体にするどい歯が印象的。ハモという名前は「食む・咬む」から転じたといわれます。味わいは淡白で上品なうま味があり、調理方法もいろいろ。小骨が多く、細かい切りこみを入れる「骨切り」という下ごしらえが欠かせません。湯引きして梅肉を添える「落としハモ」や、かば焼きに天ぷら、焼いた皮とキュウリをあわせた酢のものなど、あますところなく調理されます。

独特のコクが日本人を魅了する【兵庫県】
明石ダコの煮もの

　たくさんの吸盤を持つ軟体動物、タコ。世界でもギリシャ、スペイン、イタリアなどで食べられていますが、中でも日本人は大のタコ好き。名産地として知られるのが兵庫県の明石地方です。潮の流れがはやく、エサも豊富な明石海峡で育つマダコは、肉厚でやわらかく、全国でも人気です。醤油でやわらかく煮られたタコはほんのり桜色で、うま味もたっぷり。明石の商店街を歩くと、煮ダコや干しダコを売る店が軒を連ね、ユーモラスに描かれたタコのイラストなどがあちこちに見られます。炊きこみごはんや酢のものなどタコ料理は多くありますが、たまごと小麦粉をだしでとき、タコのぶつ切りを入れて丸く焼いた「玉子焼」*1 はご当地の人気メニュー。ふわふわの焼きたてをだし汁につけて食べます。ちなみにタコは漢字で書くと、蛸。8本の足*2 で歩くさまがクモのように見えたことから、虫偏になったようです。

*1 他地方では「明石焼」と呼ぶ。
*2 正しくは腕。

くだもののあまさをおかずに活用【奈良県】
柿なます*¹

　くだものを用いたおかずをご紹介しましょう。奈良は柿の収穫量が全国2位、五條・吉野地域や天理地域を中心に栽培されています。甘柿・渋柿ともに生産され、「刀根早生」という品種は奈良が原産です。渋柿の皮をむいて天日に干す、「干し柿」の加工も行われています。柿なますとは、ダイコンを細く切り、きざんだ柿を加えた酢のものです。干し柿には凝縮された、やさしいあまみがあります。酢のものに柿を加えることで酸味もやわらぎ、食べやすい味わいになるのです。昔の人の知恵ですね。かつて正岡子規*²は「柿食えば鐘が鳴るなり法隆寺」という句を詠みました。柿も法隆寺も、奈良を思わせる代表的なものです。子規が手にした柿は生柿だったのか、干し柿だったのか。そのとき何を思ったのか。そんなことを想像するのも、楽しいものです。

*1 なます　漢字では膾、鱠と書く。會にはまぜあわせる意がある。細切りにした具材を酢和えにすること。奈良時代からある調理法。
*2 正岡子規（1867～1902）俳人、歌人。わかりやすく、写生的なすぐれた俳句や短歌を多く残した。

乾物をつかったおかず その3【和歌山県】
高野豆腐の含め煮

　高野豆腐とは、豆腐を凍らせてから乾燥させたもの。ぬるま湯でもどすと、まるでスポンジのようになり、煮物にすればおつゆをたっぷりとふくみます。口の中で煮汁がしみ出るときはなんともいえず、おいしいものです。乾物なので保存性が高く、たんぱく質や食物繊維なども摂取できます。和歌山県北東部にある高野山は平安時代初期から僧侶の修行の場で、高野豆腐のいわれが伝えられています。ある冬の日、炊事係の僧が豆腐をあやまって凍らせてしまいました。食べものを大事にする精神からそれを煮て食べてみたら、これがおいしかった……というのが誕生の言い伝え。真否はわかりませんが、周辺の寺でおまいりに来る人々へのみやげものとして売られていたことから、高野豆腐は有名になりました。同様のものは全国にあり、凍り豆腐、凍み豆腐などの名でも親しまれています。

手間をかけるだけの味わいあり【鳥取県】
ラッキョウ漬け

　鳥取県東部に広がる砂丘地帯では、ラッキョウ栽培がさかんに行われています。シャクシャクとした歯ざわりと独特の香りがあるラッキョウは、ネギ属の植物。水はけのよい地をこのむので、砂丘は栽培の好適地なのです。食用となるのは球根の部分で、甘酢漬けや塩漬けにして食べられてきました。市場に出回るのは6月ごろ。まず根と葉を落としてよく洗い、1～2週間ほど塩水に漬けたのち、再度水洗いしてから1日塩ぬきをして、ようやく甘酢に漬けはじめる……という手のこんだ作業が必要になります。ラッキョウにかぎらず、手のかかる漬物を家でこしらえる人は年々へっています。しかし、手間をかけた自家漬けには格別の味わいがあるもの。秋になるとラッキョウ畑は、小さな紫色の花でいっぱいになります。それはそれはきれいなものですよ。

蒸すだけでじゅうぶんおいしい【島根県】
サルボウ貝の酒蒸し

　サルボウ貝は、島根県東部の中海周辺でよく食べられてきました。地元では「赤貝」*の名でよばれています。小型ですが貝ならではのうま味に富み、酒蒸しのほか、炊きこみごはんや、汁物の具にも使われてきました。「冬になるとおいしくなる貝で、年末年始のごちそうには必ず使われます」という声も聞かれたサルボウ貝ですが、近年は漁獲量が激減してしまいました。増殖を目指して、漁業者による試みが続けられています。「酒蒸し」とは、フタつきの容器に具材と日本酒、醤油などを入れて加熱する調理法。貝の味を楽しむにはもってこいで、アサリやハマグリなどがよく酒蒸しにされます。広島のカキ、千葉のアオヤギ、富山のバイガイなど、地域に深く結びついている貝というのは各地にあります。

*赤貝　全国的に赤貝というと、より大型のものをいい、近縁種のサルボウ貝とは区別される。その名のとおり身が赤い。色はヘモグロビン色素を持つ体液によるもの。

秋冬に楽しみなおかず【岡山県】
アミ大根

　ダイコンにたっぷりとまぶされているのは、エビの仲間のアキアミです。秋から冬にかけて瀬戸内海でとれるもので、1～3センチほどの小さな体ながら、エビ特有の味わいがしっかりとあります。ダイコンも同じく秋口からおいしくなるもの。厚めに切って醤油、みりん、砂糖といっしょにことこと煮て、仕上げにアキアミを加えてひと煮立ち*1。つゆが染みた大根とエビの香りを楽しむ煮ものです。アキアミは塩漬けにしたり、干したりして保存食としても活用されてきました。

　ダイコンは日本の食卓に欠かせない野菜のひとつです。江戸時代に改良がくり返され、多くの品種が生み出されました。このアミ大根のように煮ものにもよくされますが、生でサラダ、おろして薬味*2、漬物や乾物など、多岐にわたり活用されています。

*1 ひと煮立ち　一瞬、サッとわかすこと。
*2 薬味　風味を増すために添える野菜や香辛料のこと。

シャッキリとした食感も楽しい【広島県】
広島菜漬け

　江戸時代の初めごろ、広島藩主の参勤交代に同行した観音村の住人が、京都で種を入手し、持ち帰ったのが広島菜栽培のはじまりといわれています。当時は「京菜」「平茎」などと呼ばれていたようです。改良をかさね、明治時代に現在食べられているものの原型ができました。ピリッとした風味があり、箸が進みます。おかずとしても、お茶うけとしても愛されてきました。広島菜をはじめ、漬物にするための青菜というのは全国にあり、漬菜という総称で呼ばれます。広島菜は白菜の仲間で、県を代表する漬菜です。長野の野沢菜、京都の水菜や壬生菜、長崎や阿蘇の高菜などは、それぞれの地域を代表する漬菜であり、主要な商業品ともなっています。漬物にされた青菜は、和食における定番の副菜です。日本の伝統的な食の風景における「名わき役」といっていいでしょう。

和えもののおかず その2【山口県】
ちしゃなます

　レタスというと西洋野菜のイメージがあるかもしれませんが、古くから日本でも食べられてきました。レタス類のことを、「ちしゃ」とよびます。茎葉を切ると乳のような汁が出るので、チチクサから転じたという説があります。中国地方ではちしゃを使った料理がよく見られますが、山口ではちしゃなますという料理があります。ちしゃを酢味噌でサッと和えたもので、「ちしゃもみ」ともよばれます。下関では「ちしゃは、あちこちの庭で昔はよく育てたものです」という声も。山口が生んだ俳人、種田山頭火は「ふるさとは ちしゃもみが うまい ふるさとにいる」と詠み残しました。酢味噌は、味噌と酢、砂糖をよく練り合わせたもの。多くは白味噌が使われます。関西から中部、四国地域で日常的に使われています。

棒つきがこちらの定番【徳島県】
竹ちくわ

　ちくわは漢字で書くと竹輪、竹の輪と書きます。徳島県のちくわは名前もそのままに、竹つきのものが一般的。魚のすり身からつくられるちくわは、もともと竹に魚肉を巻きつけ、焼いてつくられていました。全国的には竹をぬいたものが流通していますが、徳島では竹つきのままが定着。「ちくわというとこれしか思い浮かびません」という声は多く聞かれました。ちくわはそのままでおいしいものですが、あぶって食べるとさらに香ばしさが増します。あぶったところに、醤油とすだちをしぼるという声もよく聞かれました。すだちは柑橘類*の一種で、生産量のほとんどが徳島産。県人はこの果汁を、焼き魚や刺身、豆腐など、いろいろなものにかけて活用しています。全国的には、塩焼きにしたサンマとの相性の良さで知られていますね。

*柑橘類　ミカン科のミカン属、キンカン属、カラタチ属の総称。レモン、カボス、ユズ、ダイダイ、ライムなどがこれにあたり、料理や飲料にさわやかな酸味を与える。

菜っ葉とくずし豆腐を炒めたおかず【香川県】
まんばのけんちゃん

まんば

友達の〝あだ名〟のような名前ですが、香川県で親しまれてきた野菜料理の名前です。まんばという野菜を下ゆでしてから水に漬け、よくしぼったのちに切ります。鍋でイリコを炒って香りを出し、そこにまんば、豆腐、油揚げを加え、だしと醤油で炒め煮にしたもの。まんばとは高菜の一種です。葉が次々に芽吹くことから万の葉、「万葉」と呼ばれました。けんちゃんは、「けんちん」が転じたものと考えられています。けんちんとは、禅僧が中国から伝えた卓袱料理のひとつ。野菜とくずした豆腐を炒め、湯葉や油揚げで巻いて揚げたものです。この料理は各地でスタイルを変えつつ広まりました。有名な「けんちん汁」も、油で野菜と豆腐を炒めてから汁物に仕立てるものです。まんばは県東部の呼び方で、西部では「ひゃっか」と呼ばれます。これは百貫（とても多いことのたとえ）から来ています。

6つの材料でつくるタレが味の決め手【愛媛県】
六宝（ろっぽう）

　瀬戸内海に面する地域では古来より漁業が発達し、各地で豊かな魚食文化がはぐくまれてきました。愛媛県西南部の宇和島地方に伝わる六宝は、魚の切り身をあまからいタレに漬けておく料理です。醤油、酒、みりん、砂糖、ゴマ、生たまごの6種類の材料でタレをつくることからこの名前になったといわれます。生たまごをとき入れることで、刺身とタレのからみがよくなり、味わいがしっかりします。魚は主にアジやイワシが使われてきたよう。タイをつかったものは「ひゅうが」と呼ばれ、これをごはんにのせると宇和島地方の「鯛めし」になります。同じ鯛めしでも、県東部では丸のままのタイを米と炊き上げたものを指します。まさに所変われば品変わる、ですね。六宝やひゅうがはもともと漁師料理と考えられています。船の上で火を使わず、手早くつくれる料理として重宝されたのでしょう。大分の「りゅうきゅう」や福岡の「ごまさば」など、よく似た料理が近隣にも存在します。

複雑なうま味がたっぷり【高知県】
カツオの酒盗

　名前もふしぎなら見た目もふしぎなこのおかず、なんだと思いますか？　酒盗といって、カツオの内臓を塩辛にしたものです。塩辛はその名のとおり塩気の強いものですが、複雑なうま味があり、炊き立てのごはんと実によく合います。酒盗は古くから食べられているもので、おかずだけではなく、おつまみとしても人気の高いもの。土佐*1・十二代藩主の山内豊資が、あまりに酒がすすむことから「酒盗」と名づけたといわれていますが、これは伝説のようです。カツオは高知県を代表する魚で、県民にとってはとても身近な魚です。わらを燃やしてサク*2の表面をあぶって切り分け、ポン酢とたっぷりの薬味で食べる「たたき」が代表的な調理法。そのほか、角切りにして醤油と酒、砂糖、ショウガで煮る「角煮」、心臓をショウガ醤油で煮たものなどの料理があります。

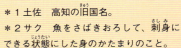

*1 土佐　高知の旧国名。
*2 サク　魚をさばきおろして、刺身にできる状態にした身のかたまりのこと。

具だくさんのあまからい煮もの【福岡県】
がめ煮

　祝い事や祭りのときにつくられてきたもので、今では福岡の家庭料理を代表するもののひとつです。鶏肉と野菜をひと口大に切り、醤油、砂糖、みりんであまからく煮上げれば完成で、筑前煮*とも呼ばれ、全国でも親しまれています。がめというのは亀を指し、もともと野生のスッポンでつくられていたという説と、そのときあるものを具材として「がめりこむ」（＝寄せ集める）ことからきたという二つの説があります。野菜類に決まりはありませんが、ニンジン、ゴボウ、レンコン、コンニャク、サトイモ、干しシイタケがよく使われます。味の決め手は、なんといっても醤油です。九州の醤油は全般的にあまく、本州以北の味わいとかなり異なります。「地元を離れて、そのあまさに気づいた」「九州の醤油でないとがめ煮の味にならない」という声は多く聞かれました。醤油は日本の料理に欠かせない基本的な調味料ですが、東日本と西日本、さらに各地で味わいの異なるものです。

＊筑前　福岡県の北部・西部の旧国名。
メモ◎おおまかに、東日本では濃いくち醤油がよく使われ、西日本ではうすくち醤油が濃いくち醤油と共に多用される。

和えもののおかず その3【佐賀県】
イカのかけ和え

　イカも日本人が大好きな魚介類のひとつです。生の刺身から、イカ大根、イカめし、一夜干し、洋風アレンジを含め、たくさんのイカ料理が毎日どこかで食べられています。佐賀県には、かけ和えという料理が伝わっています。ひと言でいえば、魚介と野菜の酢味噌和えのこと。県北西部の呼子地方はイカが有名で、イカ入りのかけ和えがつくられます。イカ、ダイコン、ニンジンはそれぞれ細切りにして、野菜はゆでるか、塩をしてしんなりさせ、酢味噌とゴマで和えれば完成。県内ではイワシ、サバなどもよく使われます。その昔はクジラ、また海から遠い地域ではフナがよく使われていました。有明海の沿岸部では「うみたけ」という貝でつくるかけ和えもあります。地元のかたからは「海のものと野のものをかけあえるからこの名がついたんでしょうね」という声が聞かれました。

ポルトガルの影響を受けたおかず【長崎県】
浦上そぼろ

　豚肉とモヤシ、ゴボウにニンジンなどを炒めた料理が、浦上そぼろです。浦上とは地域名で、県内でもキリスト教信者が多かったところでした。ポルトガルから布教にきた宣教師が地元の人々に豚肉をすすめたことが、この料理がうまれた背景にあると考えられています。そぼろとはポルトガル語のソプラード（余り物）から来ているとする説、野菜類を粗く切ることから「粗ぼろ」となったとする説の二つがあります。まず豚を炒めて野菜類を加え、醤油、酒、そして砂糖であまみをつけ、最後にモヤシを加えれば完成。地元では給食メニューの定番でもあります。長崎に豚肉がもたらされた時期ははっきりしませんが、17世紀はじめごろには豚の飼育や販売が行われていたようです。野菜と魚介中心の食生活だった当時の日本人が浦上そぼろの原型となった豚料理を食べたときは、いったいどんな感想をいだいたでしょうね？

現地の人々の元気のみなもと【熊本県】
馬肉料理

　現在、日本でよく食べられている肉は鶏肉、豚肉、牛肉の三つが主となりますが、馬肉を食する文化も長らく続いてきたものです。熊本県はその伝統が根強い地域で、馬肉生産量は日本一。16世紀の終わりごろ、藩主の加藤清正が朝鮮出兵に参加した際、軍馬を食料としたのがはじまり……という言い伝えがあります。実際さかんに食べられるようになったのは明治時代からと考えられ、馬刺しや鍋の具になっていました。馬肉はさっぱりとして栄養も豊富、寄生虫の心配もなく生食ができるなど、多くの長所があります。「おろしショウガやニンニクといっしょに食べる馬刺しは大好物です。元気が出ますよ」という声はよく聞かれました。県内では馬肉を使った肉じゃが*1や、モツ煮*2などの料理もめずらしくありません。熊本以外でも、青森や長野、福島などで馬肉はよく食べられています。

＊1 肉じゃが　肉とジャガイモ、玉ネギやニンジンを醤油や酒で煮た料理。おおまかに東日本では豚肉、西日本では牛肉が用いられる。日本を代表するおかずのひとつ。

＊2 モツ　内臓のこと。

揚げたてにカボスが欠かせない【大分県】
とり天

　「おかずというより、ソウルフード」と多くの大分県人からあがった料理が、とり天です。その名のとおり鶏肉を天ぷらにしたものですが、家庭のおかずとして、また外食店のメニューとして、県人に愛されています。一説では、大正時代に別府市の飲食店で誕生したといわれます*。ニンニクやショウガ、醤油で下味をつけて天ぷらにしますが、この味加減や漬け時間は人によって千差万別。そのまま食べてもいいのですが、県内ではカボスをしぼる人の多いこと！　カボスは県特産の柑橘類で、全国生産の約9割が大分産です。おだやかな酸味があり、口の中をスッキリとさせてくれます。天ぷらは日本料理の代表的な技法のひとつで、魚介や野菜などに小麦粉を水でといた衣をつけ、揚げるもの。その語源はポルトガルからと考えられていますが、年月を経て日本独自の手法にみがきあげられました。

＊昭和30年代に大分市で誕生という説もあり。

乾物をつかったおかず その4【宮崎県】
切り干しダイコン煮

　ここまでのおかずの旅でも、さまざまな乾物が登場しましたね。この切り干しダイコンも乾物のひとつで、全国的によく食べられるものです。宮崎は切り干し大根の主産地で、現地では千切りダイコンの名前で親しまれています。生産期は12月〜2月の寒い時期。千切りにされたダイコンが棚いっぱいに並べられ、「霧島おろし」と呼ばれる冷たい西風を受けつつ、天日干しにされます。乾物というのは、しっかり水分をぬくことが大切です。水分があることでものは腐ります。天日にあててしっかり乾燥させると保存性が高まり、同時に軽くもなって運搬が楽になるという利点もありました。切り干しダイコンの定番料理は、ニンジンや油揚げといっしょに、だし、醤油、酒で煮たものです。「ダイコンをもどした汁にはうま味があるから、いっしょに煮ること」とは県人の声。食物繊維が豊富でカルシウムやビタミンもとれる優れた食品です。

ほんのりあまい衣がおいしい【鹿児島県】

がね

　この形から何を連想しますか？　がねはサツマイモの天ぷらですが、その形がカニのように見えたことから、この名となりました。がねは鹿児島の言葉でカニを指します。粉に砂糖をまぜてつくるのが特徴で、県名産の黒砂糖をまぜる人も少なくありません。サツマイモは県を代表する特産物で、1700年ごろに琉球（現在の沖縄県）から伝えられました。鹿児島の土壌は火山灰土で水田には不適でしたが、サツマイモ栽培には適していました。麦飯にまぜて炊いたり、干して保存食にされてきました。サツマイモは栽培が容易な救荒作物として全国に普及し、飢饉の際に人々を救う野菜ともなったのです。サツマイモは現地ではカライモと呼ばれています。サツマイモとは「薩摩＊から来たイモ」ということで、他地方の人々が呼んだ名前。現地の人々は「唐（昔の中国）から来たイモ」として、カライモと呼ぶのです。

＊薩摩　鹿児島県西部の旧国名。

こっくりとあまい豚肉煮【沖縄県】
ラフテー

　「鳴き声以外はみんな料理する」なんて言葉もあるほどに、沖縄は豚肉料理が普及した地域です。肉の部分はもちろん、内臓や耳、足などもおいしく調理する方法が伝わっています。沖縄は1879年まで琉球王国という国として存在し、中国との交易がさかんでした。ラフテーも原型は中国料理ですが、独自の発展を遂げています。皮つきの豚ばら肉を一度ゆでこぼし*1、カツオのだし、泡盛*2、醤油、黒糖、みりん、ショウガでじっくりと煮こみます。とろけるような食感が特徴で、昔は特別な日のごちそうでした。しっかりあま味をつけて煮ることで、保存性を高める意味もあります。沖縄は琉球時代の過去、そして太平洋戦争後27年間をアメリカに統治されていたという歴史がある地です。このことは食文化にも大きな影響を与えました。

*1 ゆでこぼす　アクを取るためにゆでて、その汁を流しすてること。
*2 泡盛　沖縄特産の焼酎で、主に米を原料としてつくられる蒸留酒。

あとがき

　おかずをめぐる日本一周の旅、いかがでしたでしょうか。
あらためて47のおかずをながめると、もともとは保存食だったものの多いこと。日本人が食物の腐敗と闘ってきた歴史を思わずにはいられません。一時の豊作や豊漁に浮かれず、「どうやって食べつなぐか」を考えぬいてきた、先祖の念のようなものが伝わってくる気がします。つい100年ぐらい前まで冬を越すということは、一種の冒険にも等しかったのではないでしょうか。そのころのつまみぐいは今から想像もできないほど、悪いことだったでしょうね。

　今の時代は、海外からの食、和洋折衷食、そして和食のミックスが「日本食」となっています。それは豊かさでもありますが、パスタやハーブの名前とともに、和の食材や料理名、調理用語も継がれてほしいと思います。農業・漁業の就業者の減少と高齢化、そして魚介の漁獲量減少といった問題もあります。この本にのっている「おかず」は、近い将来どうなっているでしょうか。「郷土料理を残そうという人は多いけれど、かんじんな日本の〝郷土らしさ〟が失われつつある」という、ある農家さんの言葉が忘れられません。

　あなたの故郷を感じさせるおかずとは、なんでしょうか？　よかったら今日、それをつくってみませんか。

白央篤司

参考資料
やまなしのおかず　開港舎
ぐんまのおかず　開港舎
かごしまのおかず　開港舎
馬琴の食卓 日本たべもの史譚　鈴木晋一　平凡社新書
たべもの東海道　鈴木晋一　小学館ライブラリー
たべもの噺　鈴木晋一　小学館ライブラリー
たべもの起源事典　岡田哲　ちくま学芸文庫
くいもの 食の語源と博物誌　小林祥次郎　勉誠出版
たべもの語源辞典 新訂版　清水圭一編　東京堂出版
山形のうまいもの改訂版　おいしい山形推進機構
味のふるさと　角川書店
日本の食生活全集　農文協
大阪食文化大全　筒井良隆　西日本出版社
日本の味探訪 食足世平　安藤百福編　講談社
日本各地 食べもの地図　帝国書院
郷土料理　ポプラ社
からだにおいしい魚の便利帳　高橋書店
もっとからだにおいしい野菜の便利帳　高橋書店
京都の郷土料理　同文書院
京のおばんざい12か月　京都新聞出版センター
岡山のふだんの食事　岡山文庫
和の食文化　長く伝えよう！世界に広めよう！② 食べ物を保存するということ　岩崎書店
47都道府県・魚食文化百科　成瀬宇平　丸善
たべもの語源考　平野雅章　雄山閣
さけのごっつぉ 越後村上の鮭料理　イヨボヤの里開発公社
長崎料理 百花繚乱ふるさとの味　脇山順子　長崎新聞社

白央篤司　はくおうあつし
フードライター。東京に生まれ東北で育つ。早稲田大学卒業後、出版社勤務を経てフリーに。「栄養と料理」（女子栄養大学出版部）などで食に関する記事を執筆している。日本の郷土料理、行事食がライフワークテーマ。著作に『にっぽんのおにぎり』『にっぽんのおやつ』（理論社）『ジャパめし。』（集英社）。

にっぽんのおかず
2016年10月　第1刷発行

著者／白央篤司

発行者／齋藤廣達　編集／芳本律子
発行所／株式会社理論社
〒103-0001　東京都中央区日本橋小伝馬町9-10
電話　営業 03-6264-8890　編集 03-6264-8891
URL http://www.rironsha.com

撮影／片桐圭　スタイリスト／上田友子
装丁・本文デザイン／中嶋香織
印刷・製本／図書印刷
（P9、P12、P15、P27の丸抜き写真：ピクスタ）

NDC596　21×25cm　48P　2016年10月初版
ISBN978-4-652-20171-8
©2016 Atsushi Hakuou　Printed in Japan
落丁・乱丁本はお取り替えいたします。本書の無断複製（コピー、スキャン、デジタル化等）は著作権の例外を除き禁じられています。私的利用を目的とする場合でも、代行業者等の第三者に依頼してスキャンやデジタル化することは認められておりません。

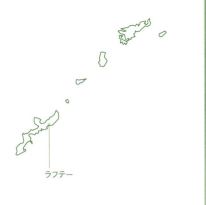